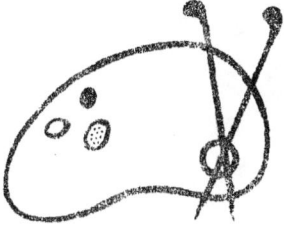

Original en couleur
NF Z 43-120-8

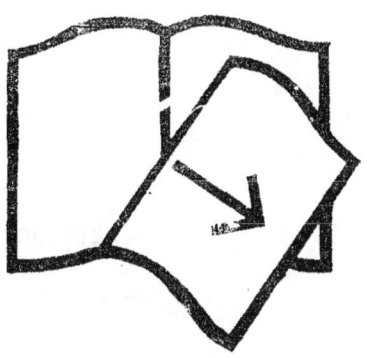

Couverture inférieure manquante

Respectueux hommage de l'auteur
E. Lefèvre-Pontalis

L'Église abbatiale

DE CHAALIS

(OISE)

PAR

Eugène LEFÈVRE-PONTALIS

DIRECTEUR DE LA SOCIÉTÉ FRANÇAISE D'ARCHÉOLOGIE

MEMBRE DU COMITÉ DES TRAVAUX HISTORIQUES

ET DE LA SOCIÉTÉ DES ANTIQUAIRES DE FRANCE.

CAEN

HENRI DELESQUES, IMPRIMEUR-ÉDITEUR

RUE FROIDE, 2 et 4

1903

L'Église abbatiale
DE CHAALIS

(OISE)

PAR

Eugène LEFÈVRE-PONTALIS

DIRECTEUR DE LA SOCIÉTÉ FRANÇAISE D'ARCHÉOLOGIE

MEMBRE DU COMITÉ DES TRAVAUX HISTORIQUES

ET DE LA SOCIÉTÉ DES ANTIQUAIRES DE FRANCE.

CAEN

HENRI DELESQUES, IMPRIMEUR-ÉDITEUR

RUE FROIDE, 2 et 4

1903

Extrait du *Bulletin monumental*. — Année 1902.

L'ÉGLISE ABBATIALE
DE CHAALIS

Les ruines de l'abbaye de Chaalis, situées au nord d'Ermenonville, au milieu de la forêt, ne peuvent donner une idée de l'importance de ce monastère qui fut d'abord un modeste prieuré de Bénédictins fondé par Renaud de Mello à son retour de la première croisade (1). Après la mort de son frère Charles le Bon, assassiné à Bruges le 2 mars 1127, Louis le Gros voulut honorer sa mémoire en transformant le prieuré de Chaalis, qui relevait de l'abbaye de Vézelay, en un monastère de l'ordre de Citeaux. Il fit venir douze moines de Pontigny et la charte de la nouvelle fondation portait la date du 10 janvier 1136 (2). André de

(1) On peut consulter sur Chaalis le *Gallia Christiana*, t. X. col. 1508 ; le fonds de Chaalis aux archives de l'Oise ; la collection de Picardie, t. 198 et les mss. latins 9976-9981 à la Bibl. Nat. ; la collection Afforty, à la Bibl. de Senlis ; A. de Longpérier : *Notice historique sur l'abbaye de Chaalis*, 1857 ; Flammermont : *Les sources de l'histoire de Chaalis* ; Abbé Gordière : *Chaalis*, dans les *Mémoires du Comité archéologique de Senlis*, 1876, p. 35, et 1882, p. 100 ; Abbé Pihan : *Esquisse descriptive des monuments historiques dans l'Oise*, p. 566 ; Abbé Müller : *Vingt-neuf chartes originales concernant l'abbaye de Chaalis* (1155-1299) ; *Senlis et ses environs*, p. 138.

(2) L'original de cette charte avait disparu des archives de Chaalis avant la Révolution, mais on en trouve une analyse et des extraits dans le cartulaire du XVIIIe siècle conservé aux archives de l'Oise.

Baudement, qui avait été sénéchal de Thibaud IV, comte de Blois, fut le premier abbé. L'année suivante, Étienne de Senlis, évêque de Paris, Guillaume Leloup, son frère, Manassès, seigneur de Bulles, et Renaud, comte de Dammartin, donnèrent aux religieux l'enclos de l'abbaye, les prés et les bois qui l'environnent.

L'ancien nom de *Calisium* fut alors transformé en celui de *Caroli locum* et Louis VII confirma la fondation de son père en 1138 (1). Saint Louis en 1258, Philippe de Valois en 1343, le pape Alexandre III et ses successeurs prirent l'abbaye sous leur protection. En 1248, Guy Le Bouteillier, dont la famille fit de nombreuses donations au monastère, fonda la chapelle du Saint-Esprit à la porte de Chaalis pour le repos de l'âme de ses parents (2). L'abbaye tomba en commende en 1541 au profit d'Hippolyte d'Este, archevêque d'Auch, mais au XVIIIe siècle ses successeurs furent les instruments de la ruine du monastère. Vers 1736, on voulut remplacer les bâtiments conventuels du XIIIe siècle par de nouvelles constructions encore intactes. Les moines firent des emprunts onéreux et leurs créanciers, au nombre de 80, firent saisir leurs biens en 1783 à la suite d'un jugement du Châtelet confirmé par arrêt du Parlement le 31 mars 1784. Le sieur Delizy fut nommé économe-séquestre, mais en 1786, Louis XVI chargea les abbés de Pontigny et de Clairvaux de procéder à la liquidation des terres de l'abbaye dont les dettes se montaient à 1,400,000 livres.

Les revenus de l'abbaye étaient estimés à 68,157 livres en 1763, car elle possédait des bois importants,

(1) Bibl. Nat., ms. latin 17113, fol. 11.
(2) Archives de l'Oise. Cartulaire de Chaalis, passim.

des fermes dans le Valois, des maisons à Senlis, à Paris, à Argenteuil. Quand la Révolution éclata, le monastère était gardé par quatre religieux, mais le domaine de Chaalis n'avait pas encore été vendu. L'estimation du 2 juillet 1791, faite en vertu de la loi sur les biens nationaux, en fixe la valeur à 331,105 livres avec les bois et les dépendances. L'église, qui mesurait dans œuvre 42 toises de longueur, c'est-à-dire 81^{m}90, sur 14 de largeur, soit 27^{m}30 (1), était évaluée à la somme dérisoire de 20,000 livres. Le 12 octobre 1793, le sieur Romtain se rendit acquéreur du domaine pour 159,000 livres et la démolition de l'église commença l'année suivante (2).

L'église abbatiale.

Il ne reste plus aucune trace de la première église bâtie à Chaalis vers le milieu du XIIe siècle. Les évêques de Senlis, Amaury, mort en 1167, et Henri, mort en 1185, y avaient été enterrés (3). Leurs successeurs furent également inhumés à Chaalis pendant le XIIIe siècle. La seconde église abbatiale, qui fait l'objet de cette étude, avait été commencée avant 1202. En effet, Geoffroy, évêque de Senlis, confirma cette même année une donation de Pierre Choisel, qui appartenait à une famille de gruyers de la forêt d'Halatte. Au moment où il se disposait à partir pour la quatrième croisade, ce chevalier avait cédé à l'abbaye quatre

---

(1) En doublant la distance qui sépare le mur du bas-côté nord de l'axe de la nef, on obtient seulement une largeur totale de 19 mètres, mais il est probable que la cote de 27^{m}30 avait été prise du fond des chapelles du bas-côté sud.

(2) Archives de l'Oise, série H, fonds de Chaalis non inventorié.

(3) *Gallia Christiana*, X. col. 1402 à 1405.

arpents de terre à Fourcheret, en échange d'une rente de cinq sous qu'il s'était engagé à verser jusqu'à l'achèvement de la nouvelle église (1). L'édifice fut consacré le dimanche 20 octobre 1219 par Guérin, évêque de Senlis, assisté de Gautier, évêque de Chartres, et de Foulques, évêque de Toulouse (2). La construction de ce vaste monument, qui dura vingt ans, fut surtout l'œuvre de l'abbé Adam, enterré devant le maître-autel en 1217, après avoir gouverné l'abbaye depuis 1202. Deux ans après sa mort, son successeur l'abbé Eudes fit célébrer la dédicace.

Vers la fin du XIVe siècle, Jean de Montreuil, secrétaire des finances sous Charles V, qui vécut de 1361 à 1418, visita l'abbaye dont il a laissé une description enthousiaste dans une de ses lettres. Les grandes dimensions de l'église dont il exagère la longueur en l'évaluant à 300 pieds à partir de l'entrée de la nef, l'élégance du porche, la légèreté des colonnes, ne manquèrent pas de

(1) « Gaufridus dei gratia Silvanectensis episcopus omnibus fidelibus in perpetuum notum facimus presentibus et futuris quod Petrus Choisiaus pro remedio anime sue promiserat se daturum singulis annis quinque solidos parisiensium ad opus cujusdam nove ecclesie que apud Karolilocum fabricabatur quousque eadem ecclesia perficeretur. » Bibl. de Senlis, mss. d'Afforty, t. XV, p. 58. Je tiens à remercier M. le chanoine Müller de m'avoir signalé cette charte importante.

(2) L'inscription suivante conservait le souvenir de cette dédicace : « Anno Domini MCCXIX° die vigesima mensis octobris consecrata fuit hec ecclesia a reverendis in Christo patribus Domino Guarino episcopo Sylvanectensi et Domino Galtero Cernotensi ac Falcone Tholosano episcopis in honorem beate Marie et omnium sanctorum. » Bibl. de Senlis, mss. d'Afforty, t. XV, p. 365. On trouve la même date dans le *Gallia Christiana*, t. X, col. 1410 et 1508, mais l'épitaphe de l'évêque Guérin qui mentionnait la consécration de l'édifice n'était pas antérieure au XVIIe siècle.

provoquer son admiration (1). Les archéologues préféreront à cette description poétique celle qui fut rédigée le 13 juillet 1763 par Pierre-Louis Richard et Pierre Caqué, architectes, jurés experts des bâtiments à Paris, à l'occasion d'un partage des revenus de l'abbaye entre Mgr le comte de Clermont, abbé commendataire, le prieur Dom Haboury et les religieux. Ce document inédit permet de restituer le plan de la nef et contient des détails intéressants sur le mobilier de l'église qui se trouvent complétés dans un inventaire dressé le 18 décembre 1790 par la municipalité de Fontaine-les-Corps-Nuds (2).

Voici comment s'expriment les experts de 1763 :

« Au fond de la grande cour (3), en face de la principale porte et grille d'entrée de la ditte abbaye, est l'église composée d'un grand porche en forme de peristille de trois travées de largeur voûté en augive et pavé de

(1) Jean de Montreuil s'exprime en ces termes : « In cujus quidem ecclesiæ introitu ampla spatiatoria platea præposita, porticus est trium destrariarum seu deambulatoriorum tantæ magnificentiæ ac decoris ut de illa Ovidianum illud conveniat dici : *Regia solis erat*. Ex qua quidem porticu continue ipsa subintratur ecclesia ad unicam visionem longitudinis trecentorum vel eo circa pedum, cum suis columnis sublimibus, altitudine latitudineque ad æquivalens, nec minus dilacie claritate decorata ; ut quispiam luce ista censeret factam esse ita ut deleat omnes, nullam exceperim, quas recordor n. introsse et, quod ad pulcritudinem et decentiam multum confert circumcincta est prædicta ecclesia xxv collateralibus capellaniis in quibus missæ particularium devotionum omni die celebrantur. » Dom Martène : *Veterum scriptorum amplissima collectio*, t. II, col. 1388.

(2) Ce procès-verbal se trouve aux archives de l'Oise.

(3) L'abbé Laurent III, qui siégea de 1412 à 1418, avait fait bâtir un château-fort au milieu de cette cour, mais on le démolit peu de temps après par ordre du chapitre général. *Gallia Christiana*, t. X, col. 1512.

carreaux de pierre par le bas. Sous le dit porche dans le milieu est une grande porte à deux venteaux et deux petites portes à un vanteau : ensuitte du dit porche est une grande église voûtée en augive avec vitraux de chaque côté contenant douze arcades de longueur avec bas-côté aussi voûté de chaque côté jusques à la croisée qui traverse le cœur. A droite de la nef et du bas-côté sont douze chapelles éclairées par des vitraux du côté du chemin qui va à l'abbatialle.

« La croisée qui sépare la ditte église d'avec le sanctuaire est aussy voûtée en augives composé de huit arcades et vitraux de chaque côté entourrés de chapelles avec vitraux au-dessus. Le sanctuaire est aussy voûté en augive et formant neuf vitraux par le haut et sept par le bas.

« Au-dessus de la porte d'entrée est une espèce de tribune formant trois arcades dont deux en tour ronde ornée de piédestaux, pilastres et corniche et d'architecture d'ordre corinthien, un plafond en compartiment par le haut, un grand buffet d'orgue au-dessus composé d'un grand et d'un petit jeu orné de sculpture et de différents ornements aussy avec balustrade de fer au-dessus de la corniche.

« Les huit premières arcades en entrant dans la ditte église sont appliquées à une neffe et aux collatéralle et de chaque côté lesquels sont pavées de carreaux de pierre.

« La ditte nef et le cœur ensuitte sont séparés par une clôture fermée d'une grille ouvrante à deux vanteaux avec couronnement et armoirie au-dessus. Aux côtés de la grille sont deux chapelles avec autel, pilastre gradin et marchepied en marbre avec balustrade de fer, au devant les collattéraux aux deux côtés sont aussy fermé de grilles avec portes à deux venteaux surmonté de couronnement au-dessus. Le tout orné de panneaux et pilastres d'ornements dorés.

« Le cœur ensuitte de la nef est composé de quatre arcades avec hauttes et basses stalles surmonté d'un lambris de hauteur avec corniche au-dessus orné de panneaux et pilastres sculptés ; quatre sièges pontificaux dans les deux bouts ornés de bas-reliefs représentant les quatre évangélistes surmontés d'impérialles en forme de petits dômes ; au-dessus et derrière des deux chapelles à côté de la grille du cœur sont deux jubés. Le cœur est pavé de carreaux de pierre blanche et de marbre noir ainsy que la croisée.

« Le sanctuaire ensuitte est composé d'un autel isolé en tombeau, gradins et marches de marbres surmonté d'un candelabre portant six bobèches et chandeliers, un globe et une croix dans le milieu (1).

« Au derrière est une niche dans laquelle est une figure de Vierge avec piédestail au-dessous ornés par les côtés deux pilastres et deux adorateurs et gloire au-dessus dorés, un lambris au pourtour du sanctuaire orné de panneaux et pilastres sculptés. Dans le milieu des panneaux sont des médaillons aussy sculptés renfermant des épitaphes gravées en lettres

(1) Le mobilier du chœur avait été entièrement renouvelé en 1733, comme l'indiquait l'inscription suivante : « Anno Domini 1733, regnante Ludovico XV°, Romæ sedente papa Clemente XII°, hoc sanctuarium opere intestino circumvestiri propriis sumptibus curavere prior et fratres hujus monasterii et die 8ᵉ mensis novembris ejusdem anni altare majus pariter de novo constructum cum toto opere solemniter benedixit et consecravit illustris et Rᵐᵘˢ D. D. Franciscus Firminus Trudaine Silvanectensis episcopus anno sui episcopatus 19ᵉ ». Bibl. de Senlis, ms. d'Afforty, t. XIII, p. 765.

dorées sur des tables de marbre noir. Les pilastres sont surmontés d'un vase et palmettes sculptés. Le dit sanctuaire est pavé de pierre blanche et carreaux de marbre noir au milieu duquel est un octogone en compartiments de marbre représentant les armes de l'abbaye dans le milieu.

« La croisée entre le sanctuaire et le cœur est aussy pavée en carreaux de pierre blanche et en marbre noir : au milieu une grande étoile de marbre noir en compartiment.

« Les bas-côtés aux deux côtés du cœur sont aussi pavés de carreaux de pierre et de marbre noir. A gauche de la ditte croisée est la sacristie à côté de laquelle est un escalier qui conduit au dortoir des chambres au-dessus du cloître.

« La ditte église couverte d'ardoise dans toutte son étendue avec un clocher de charpente de forme octogonne en dôme par dessus couronnée d'une lanterne par le haut en dedans duquel clocher est un beffroy où sont suspendues les cloches de la ditte abbaye. » (1).

Les renseignements contenus dans cette description et les ruines de l'édifice permettent d'affirmer que le plan de l'église comprenait une large nef de douze travées précédée d'un grand porche, deux bas-côtés (2), un transept très saillant dont les croisillons hexagones renferment chacun sept chapelles rayonnantes et un

---

(1) Archives de l'Oise, série H, fonds de Chaalis. Procès-verbal de partage de 1763, p. 245.
(2) M. l'abbé Barraud s'est trompé en disant que l'église était divisée en cinq nefs par un quadruple rang de colonnes. Cf. *Bulletin du Comité historique des arts et monuments*, t. II, 1840-1841, p. 230.

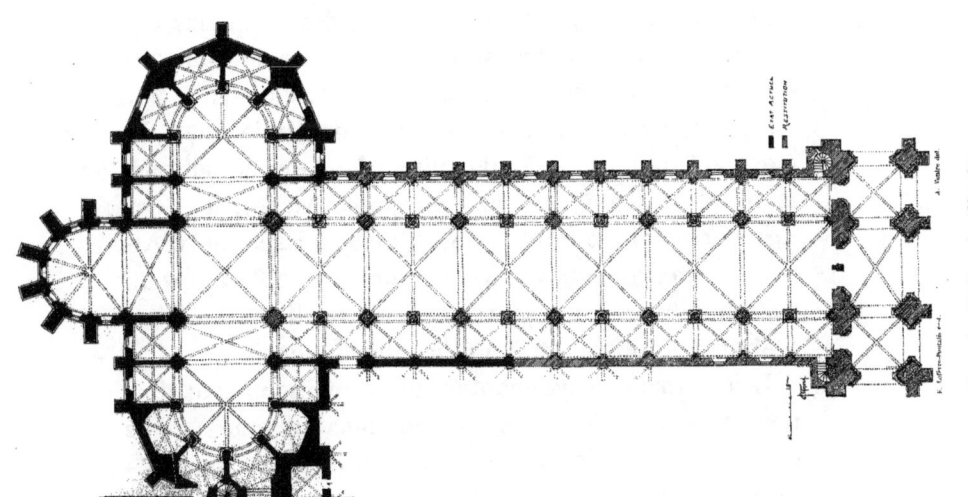

Plan de l'église de Chaalis.

chœur à sept pans coupés précédé d'une travée droite.
L'originalité de ce plan consiste dans le développement
du transept au détriment du chœur et dans la disposition des chapelles autour du chevet des croisillons.
Les Cisterciens avaient l'habitude d'ouvrir des chapelles orientées dans le transept, comme à Fontenay
(Côte-d'Or), à La Cour-Dieu (Loiret), à Noirlac
(Cher), à Silvacane (Bouches-du-Rhône), à Santas
Creus en Espagne, à Fossanova en Italie, à Hauterive
en Suisse, à Arnsbourg en Prusse, à Alvastra en
Suède. Ils plaçaient plus rarement des chapelles sur
les deux côtés du transept (1), comme à Pontigny
(Yonne), à La Cour-Dieu (Loiret), à Casamari, à San
Galgano, à Sainte-Marie d'Arbona, en Italie, mais ils
élevaient toujours un mur droit au fond des croisillons,
même dans les églises de Longpont (Aisne), de Pontigny (Yonne), de Poblet, de Veruela en Espagne, d'Alcobaça en Portugal, où le chœur est entouré d'un
déambulatoire, contrairement à la tradition de leurs
architectes qui préféraient les chevets droits.

Les chapelles rayonnantes des croisillons sont disposées de façon à être englobées dans un mur à pans
coupés au lieu de faire chacune une saillie particulière, comme dans les absides des grandes églises
romanes et gothiques. C'est encore une règle de construction adoptée par les Cisterciens pour éviter la
pénétration des toitures, notamment à Dommartin
(Somme) et à Pontigny (Yonne). Quant à la forme
hexagone des croisillons, elle est tout à fait exceptionnelle et je n'en connais que quatre autres exemples.
Ainsi dans l'église de Saint-Maurice-de-Gençay, près

(1) L'église de Clairvaux présentait la même disposition.

de Poitiers, qui remonte au milieu du XII⁰ siècle, les bras du transept se terminent par quatre pans coupés. L'église de Notre-Dame la Grande à Valenciennes et l'ancienne cathédrale de Cambrai, bâties au XIII⁰ siècle, présentaient de larges croisillons à cinq pans, comme dans la chapelle de Bacharach, au sud de Coblentz, qui est une œuvre élégante du XIV⁰ siècle.

Il est probable que l'architecte de Chaalis s'était inspiré du plan du transept de Saint-Lucien de Beauvais (1), de la cathédrale de Tournai, de la cathédrale de Noyon, du croisillon sud de la cathédrale de Soissons qui dérive des chapelles tréflées des premiers siècles du christianisme, comme celle de Saint-Sixte à Rome et du chevet à trois lobes de certaines basiliques, comme celles de Bethléem ; de Tébessa et de Tabarka en Tunisie. Cette forme, qui se retrouve au IX⁰ siècle dans l'église de Saint-Satire de Milan, fut adoptée par les constructeurs de plusieurs églises romanes de la Lombardie et des bords du Rhin, comme dans les cathédrales de Pise et de Parme, à Saint-Michel de Pavie, à la cathédrale de Bonn, à Saint-Quirin de Neuss, à Sainte-Marie du Capitole, à Saint-Martin-le-Grand et à l'église des Apôtres à Cologne.

En France, on pourrait citer une quarantaine d'églises ou chapelles à plan tréflé. Les plus anciens exemples de cette disposition se rencontrent dans le baptistère de Saint-Jean à Poitiers, dont les trois absidioles furent ajoutées après coup au VII⁰ siècle, dans la crypte de Saint-Laurent de Grenoble, dans une

(1) Le plan de cette église abbatiale, démolie après la Révolution, est inséré dans une notice du Dʳ Daniel. Cf. *Mémoires de la Société des Antiquaires de Picardie*, t. VIII, 1845, p. 123.

chapelle de l'île Saint-Honorat et dans les églises de Germigny-les-Prés (Loiret), de Gourgé (Deux-Sèvres), et de Saint-Michel d'Aiguilhe au Puy, qui sont antérieures au XIe siècle. Vers la fin du XIIe siècle, certains architectes élevèrent encore des croisillons en hémicycle à Meung (Loiret), à Saint-Macaire (Gironde), et à La Sauvetat de Savères (Lot-et-Garonne), mais à partir du XIIIe siècle, cette forme devient une véritable exception, sauf dans la Flandre. Si on rencontre encore le plan tréflé à la cathédrale de Cambrai dont le chœur avait été terminé vers 1250 par Villard de Honnecourt, il ne faut pas oublier que le transept de cet édifice avait été commencé dans le dernier quart du XIIe siècle, mais l'église de Notre-Dame-la-Grande à Valenciennes, avec ses croisillons polygones, remontait bien au règne de saint Louis. Au XIVe siècle, les églises du Vigan (Lot) et de Sainte-Marie-aux-Fleurs à Florence, sont encore bâties sur un plan tréflé. Enfin, cette forme persiste au XVIe siècle dans l'église de Bouchain (Nord), et au XVIIIe siècle dans l'église de Saint-Pierre de Douai, copiée sur celle de Saint-Martin de Tournai qui remontait au siècle précédent. L'église de Saint-Jacques de Lunéville, bâtie par l'architecte Héré sous le règne de Louis XV, offre encore un exemple du même plan.

Grâce aux substructions du transept et du chœur, il est facile de relever le plan exact de cette partie de l'église et le chevet du croisillon nord qui atteint le niveau de la retombée des voûtes permet de restituer la coupe transversale du monument, mais le plan et l'élévation de la nef présentent quelques problèmes à résoudre, car son emplacement est occupé aujourd'hui par une pelouse bien nivelée et toutes les piles ont disparu. La lettre de Jean de Montreuil et l'état de lieux de 1763 prouvent qu'un porche recouvert de trois voûtes d'ogives s'élevait en avant de la façade, comme à la cathédrale de Noyon. Les Cisterciens adoptaient rarement cette disposition : cependant on en trouve des exemples à Pontigny (Yonne), à Noirlac (Cher), à Casamari, à Fossanova (1) en Italie. Le mur intérieur du bas-côté nord adossé au cloître conserve encore les colonnettes destinées à porter cinq voûtes d'ogives, mais il est certain que les grandes arcades de la nef étaient au nombre de douze, suivant la description de 1763. Un petit dessin à la plume (2), qui représente l'église vue du côté sud au milieu des arbres, indique seulement huit fenêtres hautes, parce que l'artiste a dû reproduire l'édifice au moment où les premières travées venaient d'être démolies.

La largeur des travées de la nef est donnée par la cote de 4^{m}90, prise d'axe en axe des faisceaux de colonnettes du bas-côté nord. En remarquant que ces supports se composent alternativement de trois et de cinq fûts engagés, j'en ai conclu que les colonnes et les piliers devaient se succéder dans la nef, suivant la disposition adoptée dans les cathédrales de Noyon et de Senlis (3). Il en résulte que les six grandes voûtes d'ogives établies sur plan carré avec doubleau intermédiaire passant par la clef, comme dans les cathédrales de Paris, de Laon, de Bourges et à la

(1) Le porche de cette église a été démoli, mais il reste encore des amorces de ses voûtes.

(2) Bibl. Nat., Dép. des estampes. Va 145. Topographie de la France, arr. de Senlis.

(3) On trouve également des voûtes sexpartites à Angicourt, à Ermenonville, à Saint-Jean-au-Bois, à Saint-Leu-d'Esserent et à Saint-Frambourg de Senlis (Oise).

collégiale de Mantes, embrassaient deux travées. Le doubleau qui séparait chacune des grandes voûtes retombait de chaque côté sur une pile cantonnée de colonnettes dont l'emplacement correspond au groupe de cinq colonnettes encore intact dans le bas-côté nord, parce que ce doubleau était plus large que la nervure centrale de la voûte. D'ailleurs, on peut signaler des voûtes d'ogives à six branches dans les chapelles du croisillon nord. Comme cette partie de l'église ne renferme ni tribunes, ni triforium, il est probable que la nef en était également dépourvue.

Aucune amorce ne permet de décrire le profil des croisées d'ogives du bas-côté nord, mais il est certain qu'elles étaient dépourvues de formerets, car les trois colonnettes engagées au droit des grosses colonnes ne pouvaient porter qu'un doubleau et deux nervures. Les chapiteaux à crochets avec leurs tailloirs ornés d'un filet, d'un cavet et d'une baguette, les bases à griffes dont le tore inférieur est aplati, s'accordent bien avec la date de 1219, qui est celle de la dédicace de l'église. Les feuillages des chapiteaux du croisillon nord sont également du même type que ceux de l'église abbatiale de Longpont (Aisne) bâtie par les Cisterciens et consacrée le 24 octobre 1227 (1). Dans l'avant-dernière travée du bas-côté nord un portail en plein cintre encadré par deux colonnettes à l'intérieur et six fûts à l'extérieur qui reçoivent des boudins bien dégagés communiquait avec le cloître du XIIIe siècle dont les voûtes d'ogives ont été détruites. Le bas-côté nord pouvait être éclairé par des demi-oculi, comme les chapelles occidentales du transept.

(1) Carlier : *Histoire du duché de Valois*, t. II, p. 119.

Il ne reste plus aucun débris du bas-côté sud et de ses chapelles latérales ajoutées après coup par l'abbé Jean de Senlis qui siégea de 1273 à 1280 (1). On voit nettement leurs pignons sur le dessin à la plume déjà cité. Le procès-verbal de 1763 en compte douze, c'est-à-dire une par travée, mais comme la dernière arcade de la nef correspondait à la première chapelle des croisillons, je crois que les chapelles du bas-côté méridional étaient au nombre de onze. En additionnant ce chiffre avec les quatorze chapelles rayonnantes du transept, on arrive au total de vingt-cinq chapelles qui coïncide avec l'indication donnée par Jean de Montreuil (2). Du côté nord, le voisinage du cloître avait empêché ce remaniement.

L'emplacement du carré du transept (3), surmonté d'un petit clocher en charpente qui renfermait cinq cloches en 1791 (4), est marqué par deux piles d'angle à l'entrée du chœur, mais cette partie de l'église était voûtée d'ogives. Le croisillon nord était surmonté d'une grande croisée d'ogives et de sept nervures en amande flanquées de deux baguettes qui rayonnaient autour d'une clef centrale. Leurs retombées s'appuient sur une colonnette dont le tailloir porte les deux petits fûts des formerets en tiers-point garnis d'un boudin. Le mur de fond de ce bras du transept se compose de

---

(1) *Gallia Christiana*, t. X. col. 1511. Cet abbé avait orné le maitre-autel d'un retable en argent.

(2) Dom Martène: *Veterum scriptorum amplissima collectio*, t. II. col. 1389.

(3) Le transept mesure 38 mètres de longueur et 9 mètres de largeur.

(4) Ce clocher avait remplacé celui qui avait été incendié par la foudre le 19 janvier 1660.

Chapiteau d'une colonne du croisillon nord.

quatre pans coupés, car on remarque la présence d'une colonne dans l'axe, comme dans le chœur des églises de Morienval (Oise) et du Petit-Quevilly, près de Rouen (1).

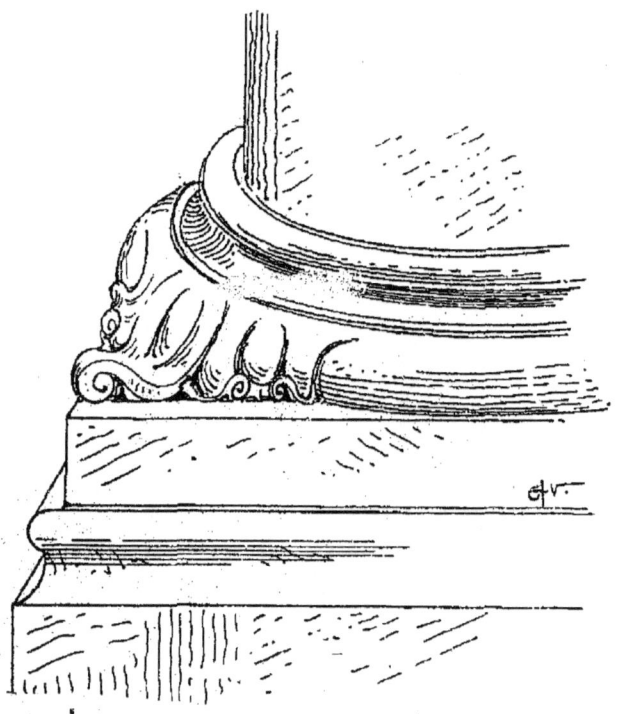

Base d'une colonne du croisillon nord.

Les piles qui se trouvent dans la partie droite sont cantonnées de onze colonnettes et cinq grosses colonnes sont engagées dans les murs qui séparent les

(1) Au XVIᵉ siècle les églises de Saint-Maclou de Rouen, de Caudebec, de Saint-Pierre de Caen, présentent la même disposition.

chapelles rayonnantes au nombre de sept (1). Les larges feuilles de leurs chapiteaux se recourbent en crochets; les tailloirs sont garnis d'un filet et d'une baguette reliés par un cavet et les bases à tore aplati sont rehaussées de griffes. Toutes les chapelles étaient voûtées par six branches d'ogives dont le boudin aminci est flanqué de deux cavets, mais trois voûtes

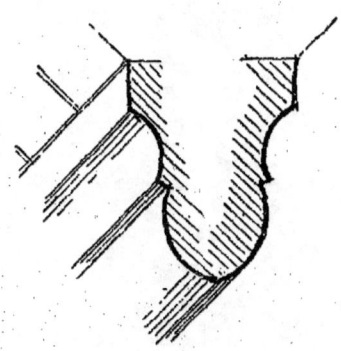

seulement sont encore intactes avec leur clef ornée de feuillages. Dans la partie droite, les deux nervures centrales et les formerets retombent sur des culots. Contre le mur du fond, les chapiteaux des colonnettes d'angle sont très évasés pour pouvoir supporter également les formerets. Dans la seconde chapelle de la partie droite, du côté de l'est, on voit une grande baie en tiers-point très ébrasée. A l'ouest, les deux chapelles

---

(1) M. Enlart dit que l'église de Chaalis avait des bas-côtés au transept. C'est une erreur, car les murs qui séparent les chapelles n'ont pas été ajoutés après coup et leurs assises font corps avec les tambours des colonnes. *Manuel d'archéologie française*, p. 480, note 3.

Église de Chaâlis.
Croisillon nord.

en ruines étaient éclairées par un demi-oculus qui s'ouvrait au-dessus des voûtes du cloître.

Les quatre chapelles à cinq pans, établies entre les piles du fond, sont voûtées par six nervures qui s'appuient sur des colonnettes. Les arcs d'encadrement, en tiers-point surhaussé, ornés de trois boudins, sont soutenus par de grosses colonnes engagées, dont le tailloir porte un fût destiné à recevoir les ogives de la grande voûte. La chapelle, bâtie à droite de l'axe, renferme deux portes à linteau : l'une conduit dans un couloir et l'autre donne accès dans une tourelle d'escalier hexagone du XIIIe siècle flanquée de trois contreforts qui se termine par une plate-forme carrée à l'aide d'encorbellements. Dans la chapelle de gauche, une voussure en plein cintre à boudin continu devait encadrer le grand escalier qui descendait du dortoir dans le transept. Trois baies hautes en tiers-point du croisillon nord sont encore intactes. Elles sont simplement ébrasées, et le bandeau mouluré qui passe sous leur glacis se retourne d'équerre pour rejoindre les tailloirs placés sous les nervures.

Le croisillon sud n'était pas adossé à des bâtiments monastiques comme l'autre bras du transept. Les bases de ses piles et les soubassements de ses chapelles rayonnantes sont encore visibles, mais aucun pan de mur ne s'élève plus aujourd'hui au-dessus du sol. Le chœur est également rasé à un mètre de hauteur. Sa travée droite précédait un chevet à sept pans coupés dont les angles intérieurs renferment un faisceau de trois colonnettes. Il faut en conclure que l'abside était voûtée, en avant par une croisée d'ogives, et au fond par huit nervures accompagnées de formerets. Les voûtes étaient épaulées par des contreforts très saillants. Les chevets à pans coupés sont beaucoup plus rares que les chevets plats ou arrondis dans les églises cisterciennes. Néanmoins, on en rencontre des exemples à Obasine (Corrèze), à Fontfroide (Aude), à Las Huelgas, en Espagne, et à San Martino, en Italie. Le procès-verbal de 1763 permet d'affirmer que le chœur était éclairé par sept fenêtres basses et par neuf fenêtres hautes en tiers-point. Les stalles et le maître-autel avaient été remplacés en 1733.

Les tombeaux.

Treize évêques de Senlis, qui avaient été la plupart moines à Chaalis, s'étaient fait enterrer dans le chœur de l'église abbatiale (1). Leurs tombeaux du même style, adossés au mur du chevet sous l'appui des fenêtres, formaient une série de profondes arcatures trilobées qui retombaient sur des faisceaux de colonnettes couronnés de pinacles. Gaignières a fait heureusement dessiner onze de ces remarquables monuments funéraires dans les premières années du XVIIIe siècle.

Au milieu du sanctuaire se trouvait la *tombe* en cuivre jaune d'Adam de Chambly, mort en 1259, qui était posée sur quatre lions (2). L'évêque, qui portait la crosse et la mitre, était encadré par une arcature tréflée en saillie sur un semis de fleurs de lys. Cette tombe,

---

(1) *Gallia Christiana*, t. X, col. 1400 à 1425. — Abbé Magne : *Les tombes des évêques de Senlis à Chaalis* dans les *Mémoires du Comité archéologique de Senlis*, 1864, p. 16.

(2) Bibl. Nat., Collection Gaignières, n°s 3964, 4616 et 6849 de l'inventaire de M. Bouchot.

d'excellent style, pouvait se comparer à celle de l'évêque Geoffroy d'Eu, mort en 1236, qui est conservée dans la cathédrale d'Amiens. On lisait en bordure l'inscription suivante en lettres onciales :

DISCAT : QVI : NESCIT : HIC : PRESVL : ADAM : REQVIESCIT :
CVI : DN̄S : DONET : VENIAM : CELOQVE : CORONET :
SILVANECTENSIS : PASTOR : FLOS : CAMBLIACENSIS :
CLARVS : HONESTATE : PLENVS : CVNCTA : BONITATE :
LAVS : IVGIS : EX : MORE : XPI : FVIT : EIVS : IN : ORE :
CVI : MERITO : FIDEI : DES : XPE : LOCVM : REQVIEI :
QVI : POVR : MOI : PRIERA
BOEN : LOIER : EN : AVRA

Les tombes en pierre de dix autres évêques étaient disposées autour du chœur, dans l'ordre suivant : au sud, Henri, mort en 1185, Gautier de Chambly, mort en 1290, Geoffroy II, mort en 1214 ; au nord, Robert de la Houssaye, mort en 1260, Amaury, mort en 1167, Guérin qui avait consacré l'église en 1219 et qui mourut en 1227, Robert de Cressonsart, mort en 1283. Derrière le maître-autel, on voyait l'enfeu de Pierre Calleau, mort en 1293. Tous ces tombeaux n'étaient pas antérieurs au milieu du XIIIe siècle, car celui de Robert de la Houssaye, mort en 1260, semble un peu plus ancien que les autres (1). La statue de cet évêque, encadrée par deux colonnettes et par une arcature tréflée, reposait sur un soubassement orné de huit arcatures en tiers-point, mais elle n'existait plus au

(1) Bibl. Nat., Collection Gaignières, n°s 2446, 4748 et 6850.

XVIIIe siècle de même que celle de l'évêque Amaury. En avant de la voussure qui l'encadrait, un grand arc trilobé était surmonté d'un gâble plein et trapu, flanqué de deux pinacles et rehaussé de petits crochets. Un trèfle et deux quatre-feuilles se détachaient en creux sous le fleuron central et sur les sommiers. L'épitaphe primitive avait été remplacée vers 1675 par une inscription gravée sur une plaque de marbre noir et fixée dans le mur du fond, comme dans les autres tombeaux (1), mais celui de Pierre Calleau avait conservé son épitaphe du XIIIe siècle.

Les trois tombeaux de Geoffroy (2), de Guérin (3), de Robert de Cressonsart (4), se composaient d'un grand socle garni de cinq arcatures tréflées, mais le mauvais style de celles du monument funéraire de Geoffroy indique une restauration maladroite du XVIIe siècle. Les statues de ces évêques, coiffés de la mitre, levaient la main droite pour bénir et tenaient une crosse de la main gauche. Elles étaient couchées sous un grand arc trilobé, découpé à jour, comme celui de la piscine du chevet, dans la chapelle de l'abbé. Les gâbles, qui dépassaient le niveau de l'appui des baies, étaient ornés de crochets, mais celui qui encadrait le tombeau de Guérin présentait une petite rosace à six lobes et quatre trèfles en creux ; ses rampants, avec leurs demi-cercles renversés, ressemblaient à ceux du tombeau de l'évêque Henri.

(1) Ces épitaphes, bien lisibles sur les dessins de Gaignières, ont été reproduites par M. l'abbé Magne, dans l'article déjà cité.
(2) Bibl. Nat., Collection Gaignières, nos 2448, 4743 et 6847.
(3) Ibid., nos 2449, 4744 et 6848. La crosse émaillée de Guérin a été retrouvée dans le chœur vers 1830.
(4) Ibid., nos 2450, 4747 et 6851.

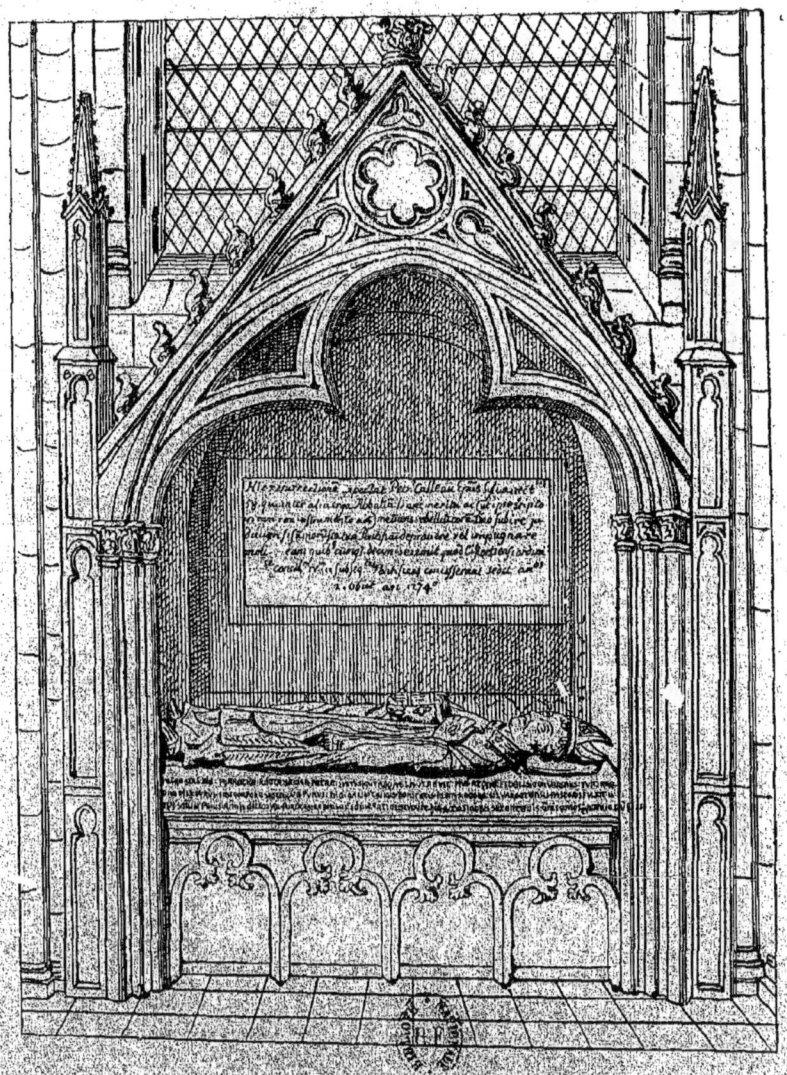

Tombeau de Pierre Calleau,
évêque de Senlis
1293

Le tombeau de Gautier de Chambly (1), mort en 1290, présentait les mêmes dispositions que les trois précédents, mais la tête de l'évêque reposait sur un coussin flanqué de deux anges, comme celle de Guérin. Son épitaphe primitive était ainsi conçue (2) :

SILVANECTENSIS : PRESVL : FLOS : CAMBLIACENSIS :
GALTERVS : DICTVS : IACET : HOC : SVB : MARMORE : CLAVSVS :

Les tombeaux d'Henri (3) et d'Amaury (4), dont les petites arcatures tréflées étaient au nombre de sept pour le premier et de huit pour le second, portaient l'empreinte du style en usage à la fin du règne de saint Louis, bien que ces deux évêques soient morts au XIIe siècle. Encadrés par de fines colonnettes et par un grand arc trilobé, dont les écoinçons étaient évidés et par un gâble très élégant où le sculpteur avait découpé une rosace à six lobes ou deux quatre-feuilles, ils étaient flanqués de deux pinacles comme les précédents.

L'évêque Pierre Calleau, mort en 1293 (5), était représenté couché sur un cénotaphe orné de quatre arcatures tréflées (6). Il tenait sa crosse d'une main et un livre de l'autre sous une profonde voussure à trois redents inscrite dans un gâble à crochets. L'inscription en lettres onciales gravée sur le bord du socle a été

(1) Bibl. Nat., Collection Gaignières, n°s 4746 et 6852.
(2) *Gallia Christiana*, t. X, col. 1420.
(3) Bibl. Nat., Collection Gaignières, n°s 2445, 4742 et 6846.
(4) *Ibid.*, n°s 2447, 4749 et 6845.
(5) C'est par erreur que l'épitaphe du XVIIe siècle gravée au fond de la niche fixait la mort de cet évêque à l'année 1274.
(6) Bibl. Nat., Collection Gaignières, n°s 2444, 4745 et 6853.

maladroitement copiée par Louis Boudan, dessinateur de Gaignières, qui n'avait aucune notion de paléographie. J'ai essayé de rétablir le texte, mais je ne puis en garantir la transcription.

PETRIS · STAS · RECTA · PHARETRATVS · PETRE · SAGITTA ·
IVSTVS · CVIQVE · VELIS · PLACVIT · PIVS · ATQVE · FIDELIS ·
CONVERSANS · FVIT....................
.........DVRVS · SIBI · CORPORE · MENTEQVE · PVRVS ·
HIC · CARNOTENSIS · BONITATIS · PLENVS · ODORE ·
SILVANECTENSIS · PASTORIS · FVLXIT · HONORE ·
.........DENIS · ANNIS · CILICIVM · PORTANS...... S̄CI · MARTINI · STVDVIT · HIC ·
MODO · FINIRE · BIS · SEXENTENIS · ANNIS ·
NOVENIS · QVOQVE · DENIS · ....

L'abbé Adam, mort en 1217, l'évêque Pierre Barrière, mort en 1334, et son successeur Vaast de Villiers, mort en 1337, avaient été également inhumés dans le chœur (1), mais leurs tombeaux et leurs épitaphes font défaut dans la collection Gaignières. Par contre, on y remarque toute une série de pierres tombales du meilleur style qui proviennent de l'église et du cloître de Chaalis. La plus ancienne, en forme de trapèze, qui se trouvait dans le cloître, était peut-être celle d'Helvide d'Ambleny (2): elle pouvait remonter au milieu du XIIIe siècle, comme deux tombes analogues de l'abbaye d'Ourscamp. Dépourvue de

(1) *Gallia Christiana*, t. X, col. 1425 et 1510.
(2) Bibl. Nat., Dép. des estampes, Collection Gaignières, n° 2461.

Pierre tombale de Renaud de Saint-Vincent
XIIIᵉ SIÈCLE

figure gravée au trait, elle portait en bordure cette inscription en lettres onciales :

HIC : IACET : DNA : HELVIDI : ✶ DE : AMBLEGNI : MATER : PAVPERVM : SCO-LARIVM : ET : PIA : NVTRIX : I : XPI✶O : OBIIT : AVTEM : VIII : IDVS : IANVARII : ORATE : PRO : EA :

Le cloître renfermait également la pierre tombale de Renaud de Saint-Vincent, bourgeois de Senlis, mort vers 1260 (1). Vêtu d'un grand manteau, coiffé d'un chapeau à pointe centrale, les pieds posés sur deux chiens, il est représenté sous une arcature tréflée à gâble trapu. Les piles couronnées de pinacles sont dépourvues d'ornementation et deux anges volent au-dessus du gâble en tenant un encensoir. L'inscription en onciales est ainsi conçue :

CI GIST SIRES R✶ENAVS DE SAINT VINCENT BOVRGOIS DE SENL✶IS PRIIES POVR ✶ LAME DE LI QVE DIEX BONNE MERCI LI FACE

Agnès d'Ormoy qui mourut en 1274 avait été enterrée dans le cloître (2). Elle est figurée sur sa pierre tombale avec un chien qui ronge un os à ses pieds, la tête recouverte d'un voile qui retombe sur son manteau. L'arcature trilobée qui l'encadre est surmontée

(1) Bibl. Nat., Dép. des estampes, Collection Gaignières, nos 2458 et 128.
(2) *Ibid.*, nos 2459 et 151.

d'un gâble à crochets et de deux anges encensant. On lit en bordure l'inscription suivante :

CI · GIST ✱ MADAME · AGNES · IADIS · DAME · DE · OVRMOY · LAQVELLE · TRESPASSA · L✱A TIERCE · KALENDRE · D✱E MAI · LAN · DE GRACE · MIL · CC · SOISSANTE · Z · QVATORZE · PRIES · POVR · LA✱ME · DICELE · ELLES ·

Un bourgeois de Beauvais, nommé Thibaud Plantoignon, qui mourut vers 1280, après avoir donné une verrière à la cathédrale de cette ville (1), était représenté sur une tombe plate du cloître, les pieds sur deux lions accouplés (2). Vêtu d'une longue cotte fendue au milieu et sur les côtés, il se détachait sous une arcature flanquée de pinacles du même style que celle de la dalle précédente. Voici l'inscription en onciales :

ICI · GIST · THIBAVS ✱ PLANTE · OIGNVM · BOVRGOIS · DE · BIAUVAS · PRIES · POVR ✱ LI · Ō · DEX · BONNE · M✱ERCI · LI · FACE · AMEN ·

La pierre tombale d'Ermessende de Balagny, morte en 1284 et ensevelie dans le cloître, était d'un style plus élégant (3). Coiffée d'une guimpe et vêtue d'un

---

(1) Louvet, qui fait mention de ce don, a dû se tromper d'un siècle en disant que Thibault Plantoignon vivait en 1136. *Histoire et antiquités du païs de Beauvaisis*, t. I, p. 54.

(2) Bibl. Nat., Dép. des estampes, Collection Gaignières, nos 2460 et 169.

(3) *Ibid.*, nos 2457 et 170.

Pierre tombale d'Ermessende de Balagny
1284

surcot qui recouvre une cotte à larges plis, elle pose ses pieds sur deux chiens. Sa figure est encadrée par une arcature tréflée dont le gâble ajouré passe entre deux pinacles et deux anges qui manient l'encensoir. L'inscription en onciales s'était conservée intacte :

ICI · GIST · DAME · HERMESSENDE ✻ DE · BA-
LAGNI · FAME · IADIS · SIRE · PIERRE · DE ·
LA · PORTE · BOVRGOIS · DE · SENLIS ✻ QVI
TRESPASSA · EN · LAN · DE ✻ GRACE · M · ET ·
CC · LXXX · ET · IIII · OV · MOIS · DE · SE-
TEMBRE · PRIEZ · POVR · S · AME

L'art des tombiers du XIVe siècle avait enrichi l'église de Chaalis de trois pierres tombales très remarquables. La première était celle d'un écuyer d'Ermenonville, nommé Pierre Outable, qui mourut en 1322 (1). La cotte de mailles à capuchon dont il est vêtu est recouverte d'une cotte d'armes et ses pieds sont posés sur un lion. Ses armes se composent d'un chef et de deux lances en pal sur le tout. Il est placé sous une riche arcature à sept lobes tréflés qui retombe sur des pieds-droits bien décorés, mais dépourvus de petits personnages. De chaque côté du gâble ajouré un ange de grande taille balance un encensoir. Voici le texte de l'épitaphe en lettres onciales :

CI ⁑ GIST ⁑ PIERRE ⁑ OVTABLE ⁑ ✻ DE ⁑ ERME-
NONVILLE ⁑ ESCVIER ⁑ QVI ⁑ TRESPASSA ⁑

---

(1) Bibl. Nat., Dép. des estampes, Collection Gaignières, nos 2458 et 249.

EN : LAN : DE : ✶ GRACE : OIL : ✶ CCC : Z : XXII : OV : OOIS : DE : OAY : PRIEZ : POVR : LAOE :

Jean de Roquemont, écuyer, mort en 1327, était représenté sur une pierre tombale double, à côté de sa femme dont l'inscription avait disparu (1). Le mari, habillé d'une cotte de mailles et d'une cotte d'armes, avec un lion à ses pieds, portait une épée et trois doloires, deux et une, sur son écu. La femme, coiffée d'une guimpe, vêtue d'une cotte flottante, avait la tête posée sur un coussin ; un petit chien assis par terre sort des plis de la robe. Les deux époux sont encadrés par deux arcatures tréflées dont le gâble à crochets est flanqué de deux anges et de deux pinacles. On lit en bordure du côté du chevalier :

ICI · GIST · ✶ IEHAN · DE · ROQVEOONT · ESCVIER · QVI · TRESPASSA · LAN · DE · GRACE · O · CCC · XXVII · LE · PREOIER · DY-OANCHE · DE · OAY · PRIEZ · POVR · LI · QVE · ✶ DIE · BONNE · OERCI · LI · FACE · AOEN ·

La tombe plate de Jean Le Breton, dit l'Ange, bourgeois de Paris, qui mourut en 1397, le représente vêtu d'une cotte à petits boutons, les mains jointes sous une arcature trilobée (2). Le gâble de style rayonnant s'appuie sur deux piles qui renferment chacune trois

(1) Bibl. Nat., Dép. des Estampes, Collection Gaignières, n⁰ˢ 2456, 250 et 251.
(2) *Ibid.*, n⁰ˢ 2454 et 521.

Pierre tombale de Pierre Outable
1322

Pierre tombale de Jean de Roquemont
et de sa femme

1327

clercs dans des niches et qui sont couronnées de pinacles. L'inscription suivante est gravée en lettres gothiques au bord de la dalle :

cy gist + Jehan le breton dit lange jadis bourgeois de paris qui trespassa lan de grace mil ccc iiii et + xvii le dernier du mois + de janvier pour lame de luy prions car ceans donna le livre de catholicum.

Il est difficile de préciser l'emplacement de ces trois tombes du XIVe siècle, car Gaignières indique simplement qu'elles proviennent de l'abbaye de Chaalis. On sait au contraire que Gilles Malet, maître d'hôtel de Charles V et de Charles VI, et sa femme Nicole de Chambly étaient représentés sur une dalle placée à droite de l'autel de la chapelle de la Trinité qui s'ouvrait dans le bas-côté sud de l'église (2). Le mari, qui porte l'armure de plates avec les spallières, les coudières, les genouillères et les solerets, a les pieds posés sur un lion ; ses armes sont : d'hermines à deux fasces de gueules. La femme, vêtue d'un surcot serré à la taille, aux longues manches tombantes, avait un trou à la place de la tête par suite de la disparition de la plaque de marbre qui la figurait. Elle porte : de gueules à trois coquilles d'or à trois fasces de gueules accompagnées de besants. Ces deux personnages étaient placés sous des arcatures tréflées encadrées par un gâble à crochets de style rayonnant. Quatre

(1) Bibl. nat., Dép. des estampes, Collection Gaignières, n° 8966.

anges se détachaient entre les pinacles qui couronnaient les pieds-droits ornés de trois figurines de clercs dans des niches. On lisait au bas de la tombe l'inscription suivante en lettres gothiques.

A cest autel de la trinite sont obligez les religieux de chaalis par la confirmacon du chapitre general celebrer ppetuellement chacun jour une messe pour charles le quint de ce nom roy de france z pour gilles malet son varlet de chambre z damoiselle nicole de chambly sa feme ce fut fait lan mil trois cens soixante dix-neuf.

Gilles Malet, qui épousa Nicole de Chambly en 1376 (1), possédait toute la confiance de Charles V, car il avait la garde des livres de la librairie du Louvre dont il dressa le catalogue en 1373. Confirmé dans ses fonctions par Charles VI en 1380, ce zélé bibliothécaire mourut au mois de janvier 1411 en laissant deux fils : sa femme lui survécut un an (2). On enterra sans doute les deux époux dans l'église de Soisy-sous-Étioles (Seine-et-Oise) car Gilles Malet était seigneur de la paroisse et vicomte de Corbeil. En 1854, on retrouva sous le dallage le retable qu'ils avaient

---

(1) Je dois cette indication à notre confrère M. H. Moranvillé qui a relevé à la date du 8 décembre 1376 la ratification de leur contrat de mariage par Charles V. Arch. Nat., JJ. 109, f° 195, v°.

(2) Delisle : *Le cabinet des manuscrits de la Bibliothèque Nationale*, t. I, p. 21 et 46.

donné à cette église voisine de leur fief de Villepesele, près de Lieusaint (1).

La dalle de Chaalis qui ne mentionne pas la date du décès du mari et de la femme n'est pas une pierre tombale : son inscription relate simplement une fondation de messes faite par Charles V et son maître d'hôtel à l'abbaye de Chaalis en 1379, mais elle ne fut gravée au trait qu'après la mort de Gilles Malet en 1411. En effet, celui-ci porte le costume militaire de cette époque, comme sur le retable de Soisy que M. de Guilhermy attribue avec raison au XVe siècle. Gilles Malet et Nicole de Chambly avaient également fondé des messes à l'autel de Saint-Michel dans l'église de Soisy et peut-être à l'abbaye de Bonport en Normandie où ils étaient représentés sur un vitrail (2). L'intérêt que le mari portait au monastère de Chaalis s'explique par ses deux titres de châtelain de Pont-Sainte-Maxence et de capitaine du château de Beaumont-sur-Oise (3) qui l'obligeaient à séjourner dans la région de Senlis.

Péronne Le Fel (4), femme de Jacques de la Tourotte, morte en 1495, était la sœur et la mère de deux abbés de Chaalis. Elle est représentée sur sa pierre

(1) Guilhermy : *Inscriptions de la France. Ancien diocèse de Paris*, t. IV, p. 206 à 210.

(2) Lenoir : *Musée des monuments français*, t. VIII, p. 93 et pl. CCLXXXIX.

(3) Bibl. Nat., Dép. des manuscrits, Quittances, franc. 26017, n° 17.

(4) Le dessinateur de Gaignières a lu Peronne Le Bel sur sa pierre tombale, mais son frère se nommait bien Jean Le Fel dans un document original du 12 octobre 1484 conservé aux archives de l'Oise. L'abbé Jean Le Fel est désigné sous le nom de « Lefellis » sur son épitaphe citée plus loin.

tombale la tête recouverte d'un grand voile qui descend jusqu'à terre (1). Dans le gâble de l'arcature trilobée, le Christ reçoit l'âme de la défunte sur une nappe. Trois clercs se détachent dans les niches des pilastres. L'inscription suivante en caractères gothiques fait le tour de la dalle :

cy gist damoiselle perone le fel en son vivant feme de Jacques de la tourotte seur de fre Jehan le fel et mere de fre Robert de la tour+otte tous deus dans leurs temps docteurs en theologie + et abbez de ceans laquelle t'passa le xie jo^r de may lan mil cccc iiii^{xx} et xv priez dieu pour son ame pater noster.

Les cinq tombes qu'il me reste à décrire étaient des œuvres du XVIe siècle et Gaignières les avait fait dessiner dans l'église. La première qui recouvrait le corps de Jean de la Ruelle, licencié en lois, mort en 1505, se trouvait au bas de la nef à droite (2). Vêtu de l'épitoge et portant trois coquilles sur ses armes, ce personnage est placé sous une arcature à sept lobes dont les piles à quatre niches renferment les statuettes des clercs qui assistent à l'enterrement. On lit en bordure cette épitaphe en lettres gothiques :

---

(1) Bibl. Nat., Dép. des estampes, Collection Gaignières, n°s 2452 et 795.
(2) *Ibid.*, n°s 2451 et 833.

Cy gist maistre Jehan de la Ruelle en son + vivant licen en loix filz de feu honorable home m. Jehan de la Ruelle licen en loix et de damoiselle Jaqline de la tourote seur de R. pre en dieu frere + Robert de la tourote doct en theo' et abbe de ceans qui trespassa le ix jour davril mil v^c et v priez dieu pour luy.

La femme de Jean de la Ruelle, Jacqueline de la Tourotte, fut ensevelie à coté de son mari en 1526 et sa pierre tombale accuse franchement le style de la Renaissance (1). L'arcature en plein cintre qui l'encadre est ornée d'une grande coquille et retombe sur des pilastres à trois niches surmontés de pinacles. La défunte, vêtue d'une longue robe, a la tête couverte d'un grand voile; ses armes sont : d'hermines à une tour. Une inscription en minuscules gothiques se lit en bordure :

Cy gist damoiselle Jaqueline de la tourotte veufve de feu maistre Jehan de la Ruelle licen en loix et seur de feu de + bonne memoire mons. maistre Robert de la tourotte + jadis abbe de ceans laquelle trespassa le xxvie daoust lan mil v^c xxvi priez dieu pour elle.

Du côté sud de la nef, on voyait la pierre tombale de Léonard de la Roche, canonnier de François Ier, qui

(1) Bibl. Nat., Dép. des estampes, Collection Gaignières, n°s 2455 et 834.

mourut en 1526 (1). Il est représenté tête nue, les mains jointes, l'épée au côté et son armure de plates est recouverte d'une cotte d'armes très courte. Son casque à panache et ses gantelets de fer sont posés à ses pieds. Ses armoiries se composent de trois croisettes, deux et une, accompagnées de trois merlettes, une et deux. L'arcature surbaissée qui l'encadre soutient trois petits arcs en accolade très pointue et retombe sur des pilastres à trois figurines. Les lettres gothiques de l'inscription sont gravées sur les bords de la pierre :

> cy gist noble homme leonard de la Roche en son vivant canonier ordinaire du Roy nre sire + et chevalier de Jerusalem qui trespassa le + deuxiesme Jour de may lan de grace mil cinq cens et vingt six priez dieu pour luy.

Jean Le Fel, qui fut d'abord abbé du Val-Notre-Dame, devint abbé de Chaalis vers 1471, prit sa retraite en 1501 et mourut le 3 octobre 1504. Robert de la Tourotte, son neveu, lui succéda le 9 décembre 1501, construisit la tour de l'horloge et restaura plusieurs bâtiments de l'abbaye. Son épitaphe fixe la date de sa mort au 22 janvier 1523. Ces deux abbés avaient été ensevelis du côté sud du chœur sous la même tombe (2). Il est très rare de voir deux moines figurés sur une pierre tombale double. M. de Guilhermy en a signalé

---

(1) Bibl. Nat., Dép. des estampes, Collection Gaignières, n° 8967.

(2) *Ibid.*, n° 2443.

Pierre tombale des abbés
Jean Le Fel et Robert de la Tourotte
1523

un autre exemple à l'abbaye du Val-Notre-Dame (Seine-et-Oise) sur une dalle datée de 1590.(1). Le tombier a fort heureusement symbolisé la transmission des pouvoirs de l'oncle au neveu, car Robert de la Tourotte reçoit la crosse et un livre des mains de son prédécesseur. Les deux abbés, qui portent le costume épiscopal avec la mitre en tête, se détachent sous des arcatures à sept lobes dont les pieds-droits renferment cinq clercs superposés dans des niches. Au-dessus des gâbles ajourés et flanqués de pinacles, le Christ reçoit l'âme de chaque défunt entre deux anges. Les distiques latins gravés sur la bordure en lettres gothiques sont ainsi conçus :

Hic sacra clauduntur lefellis membra Joannis
Cui dedit insignem pagina sancta locum
Regis honoratus multosque præsul in annos
Tradidit e meritis, docte Roberte, tuis
Illustris fratrum radiat avunculus orbem
Non minor eterni fama nepotis erit.

Obiit anno m cccc° iiii° mense octobri die iiiᵃ

Sit licet ista brevis, magnum capit urna Robertum,
Promeritum studiis laurea sancta sacris.
Hunc domus ista patrem novit probitate coruscum,
Pascentem vigili sedulitate gregem.

(1) *Inscriptions de la France. Ancien diocèse de Paris*, t. II, p. 392. Trois pierres tombales du XIIIᵉ et du XIVᵉ siècle, ornées de deux crosses, recouvraient les restes de six abbés d'Ourscamp. Cf. Collection Gaignières, nᵒˢ 2479, 2486 et 2491.

> Vos qui Carolicum colitis, miserescite functo
> Ut deus hunc summa syderis arce locet
> obiit anno dni 1523
> die 22 januarii (1).

La pierre tombale de l'abbé Simon Postel, dit de Buyres, mort le 13 février 1541, se trouvait dans la salle capitulaire à l'est du cloître (2). Ce lieu de sépulture était généralement choisi pour les abbés. La salle du chapitre à Poblet et à Santas-Creus, en Espagne, renferme encore toute la série des tombes des abbés qui ont gouverné ces monastères depuis le milieu du XIVe siècle. Simon Postel, nommé le 24 janvier 1523, donna des ornements et des livres à l'abbaye et fit classer les archives. Vêtu d'une chasuble souple, coiffé de la mitre et tenant sa crosse, il est représenté sous une arcature surbaissée du style de la Renaissance. On voit deux clercs et deux anges dans les niches de chaque pilastre et dans la partie supérieure deux anges enlèvent l'âme du défunt au ciel sur une nappe. Une inscription en caractères gothiques se lit en bordure :

> Frater ama lachrimis tumulo in simone postel
> Abba et......... doctor amorque fuit
> Illius et laudis virtutibus aut decus arti
> Monstrat opus functi et sit......

(1) Cette seconde épitaphe est imprimée dans le *Gallia Christiana*, t. X, col. 1513.

(2) Bibl. Nat., Dép. des estampes, Collection Gaignières, n° 2462.

Varios casus virtus quos præbuit illi
    Tellus corpus habet, spiritus astra colit,
Quinque.......... post..........
    Februa post dena tertia.......

Il tient dans ses mains un phylactère avec ces mots :

IN TE DÑE SPERAVI ÑO CONFVDAR IN ETNV̄

On lit sous ses pieds :

HEC REQVIES MEA IN SCLM SCLI FVIT
HABITABO QM ELEGI EAM PS 130

Le cloître et la chapelle de l'abbé.

Le cloître, bâti au nord de l'église dans le premier quart du XIIIe siècle, fut démoli en même temps que les bâtiments monastiques, mais on voit encore les amorces de ses voûtes d'ogives contre le mur extérieur du bas-côté nord et contre les chapelles occidentales du transept. Les nervures et les doubleaux, ornés d'une fine arête entre deux tores, et les formerets en tiers-point, garnis d'un boudin et d'une gorge, retombent sur des culots ornés de feuillages dans la galerie sud et dans la galerie de l'est. Ces culots, qui se retrouvent dans tous les cloîtres cisterciens, avaient été empruntés par les architectes de l'ordre à l'architecture romane de la Bourgogne, comme beaucoup d'autres procédés de construction. Du côté de l'ouest, le cloître s'étendait jusqu'à l'hôtellerie qui se trouvait à l'alignement de la façade.

La galerie de l'est avait au moins six travées dont il reste encore quelques débris, mais comme le mur de fond est seul intact, il est impossible de restituer leur élévation. Néanmoins les formerets en tiers-point des voûtes d'ogives devaient correspondre à des grandes arcades de la même forme et de la même ouverture. On peut supposer que le remplage de chaque travée devait ressembler à celui du cloître cistercien de Noirlac (Cher), dont deux galeries remontent au XIII⁰ siècle (1).

Dans la troisième travée en partant de l'angle sud-est, un portail tréflé du XIII⁰ siècle à tympan nu donne accès dans une salle carrée voûtée d'ogives du même type que celles du cloître. Cette porte, encadrée par deux colonnettes et divisée par un trumeau cantonné de petits fûts, est surmontée d'un grand oculus. Une porte à linteau s'ouvre dans la travée suivante près du jambage droit d'un portail du XIII⁰ siècle flanqué de deux colonnettes et de gorges intermédiaires. Elle devait communiquer avec la salle capitulaire qui se trouvait sous le dortoir.

La porte de la quatrième travée est percée dans l'axe d'un couloir recouvert d'une voûte en berceau brisé et de cinq voûtes d'ogives du XIII⁰ siècle qui longe le chevet du croisillon nord. Au-dessus s'élevait un grand dortoir divisé en deux nefs par une file de colonnes. Ses voûtes d'ogives, dont il reste encore quelques débris, étaient rehaussées d'un tore en

---

(1) Cf. E. Lefèvre-Pontalis : *L'abbaye de Noirlac*, dans le *Congrès archéologique de Bourges*, 1899, p. 230 et pl.

amande entre deux baguettes qui retombent sur une console à larges feuilles engagée dans le mur du transept (1). L'etat de lieux de 1763 prouve que le logement du prieur, surmonté de la bibliothèque, formait une aile du dortoir en face de la chapelle de l'abbé.

Le même document constate que la grande cour était bordée au nord par la ferme et la grange, au sud par les bâtiments de la pêcherie et au fond par l'église et l'hôtellerie. Le cimetière des religieux s'étendait au sud de l'église. Près de l'abside s'élevait l'ancien palais abbatial éclairé par six fenêtres sur sa face principale et précédé d'un jardin. Une galerie de treize arcades le reliait à la chapelle de l'abbé, construite au nord du chœur dans le dernier tiers du XIIIe siècle et classée parmi les monuments historiques. Son style est identique à celui des Saintes Chapelles de Paris, de Saint-Germain-en-Laye et de Saint-Germer. Jean de Montreuil

---

(1) Jean de Montreuil décrit les bâtiments monastiques en ces termes à la fin du XIVe siècle. « Ubi vero ab eadem ecclesia alia ex parte sit exitus, claustrum a sinistris, et a dexteris capitulum situantur, qualia si quis quærat, non est quod viderim pulcriora, duobus claustris aliis, in quibus religiosi loqui possunt, coadditis. Refectorium autem atque dormitorium, quantum oculus comprehendit, ac litteræ antiquæ muro insculptæ contestantur, in longo, latitudinibus decentibus suppositis, ad quingentos ascendunt pedes, dumtaxat sex exceptis. Ceterum refectorium recreativum infirmorum, hospitumque supervenientium hospitia, quæ hostellariæ dicuntur, quin immo conversorum antiquæ domorum porticus, quin etiam prioris atque procuratoris, nec non celerarii, ceterorumque officiariorum cœnobii cameræ seu domus particulares quales sint, e structura præmemoratorum authentica intelligi satis datur. » Dom Martène Veterum scriptorum amplissima collectio, t. II, col. 1389.

la compare à la chapelle de la Vierge à Saint-Germain-des-Prés qui avait été bâtie par Pierre de Montereau. Son plan se compose de deux travées droites et d'un chevet à cinq pans. Les ogives des deux grandes voûtes sont garnies d'un tore à filet central flanqué de gorges et de deux baguettes. Les doubleaux en tiers-point, dont le diamètre est plus large, présentent le même profil et les clefs de voûte sont ornées de feuillages délicats. Dans le chevet six nervures rayonnent autour d'une clef centrale. Tous ces arcs retombent sur de fines colonnettes et sur des chapiteaux ornés de petits crochets, mais les fûts qui soutiennent les formerets toriques en tiers-point surhaussé s'arrêtent au niveau de l'appui des fenêtres.

Les peintures du XVIe siècle qui décorent les voûtes représentent les apôtres, les évangélistes avec leurs attributs et les anges tenant les instruments de la Passion (1). Les remplages des grandes baies en tiers-point, formés de trois quatre-feuilles, sont soutenus dans les travées droites par trois meneaux à colonnettes qui portent des arcs trilobés et par deux meneaux dans l'abside. A droite de l'autel, on voit une jolie piscine tréflée qui s'ouvre au-dessous d'un gâble. A la fin du XIVe siècle, cette chapelle renfermait une statue de la Vierge qui devait être un chef-d'œuvre, car Jean de Montreuil la compare à une statue de Praxitèle. En outre, il signale à peu de distance d'Ermenonville une chapelle consacrée à sainte Madeleine qui était entourée de vignes.

(1) Ces fresques sont attribuées sans preuve au Primatice ou à son élève Nicolo del Abbate.

À l'extérieur, la chapelle, maladroitement restaurée de 1875 à 1881 par les soins de la baronne de Vatry, n'offre plus aucun intérêt archéologique. Le portail trilobé, flanqué de fines colonnettes, est surmonté d'une rosace flamboyante du XV⁰ siècle bouchée par la grande fresque de l'Annonciation peinte au revers de la façade. Sans méconnaître la valeur des peintures et des émaux de MM. Paul et Raymond Balze qui décorent la façade, les murs intérieurs et le maître-autel, il est permis de regretter que ces deux artistes, élèves d'Ingres, aient voulu s'improviser architectes. Ils ont sculpté autour de la toiture des gargouilles de haute fantaisie et toute la partie supérieure de la chapelle porte l'empreinte du plus mauvais style.

Les ruines de l'abbaye de Chaalis n'ont été jusqu'ici l'objet d'aucune étude architecturale. L'église, à date certaine, est cependant l'une des œuvres les plus originales de l'ordre de Cîteaux. Par ses dimensions et par son style, elle offre plusieurs points de comparaison avec celle de Longpont (Aisne), consacrée en 1227, mais son plan diffère complètement de celui des autres églises cisterciennes et des grands monuments religieux du XIII⁰ siècle. Des fouilles exécutées dans le chœur et dans le cloître feraient sans doute découvrir des tombes intéressantes. Le dégagement des fondations de la façade et l'ouverture de quelques tranchées dans la nef permettraient de préciser la longueur de l'édifice, la forme des piles et les dimensions du porche. La restitution des deux coupes de l'église mériterait d'être confiée à un architecte de la Commission des monuments historiques.

IMPRIMERIE H. DELESQUES
2 & 4, rue Froide
CAEN

www.ingramcontent.com/pod-product-compliance
Lightning Source LLC
LaVergne TN
LVHW021702080426
835510LV00011B/1537